W0385379

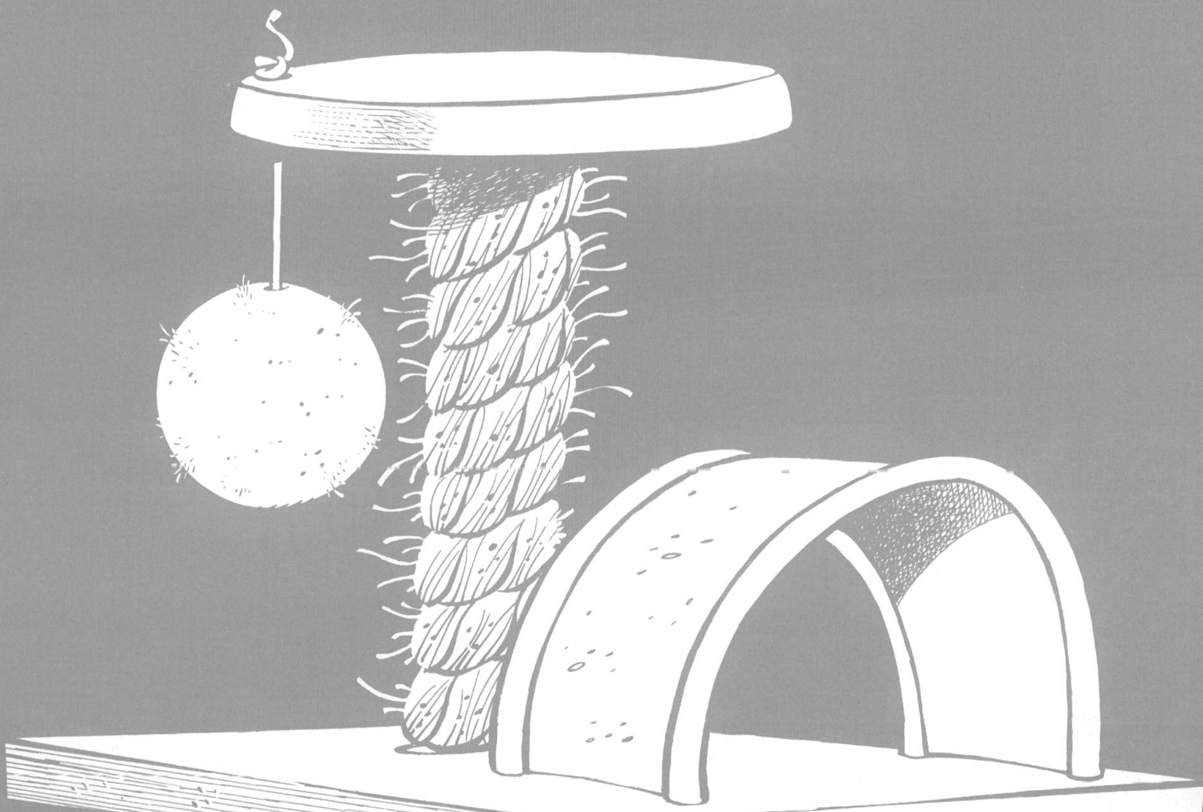

Chats Chats Chats

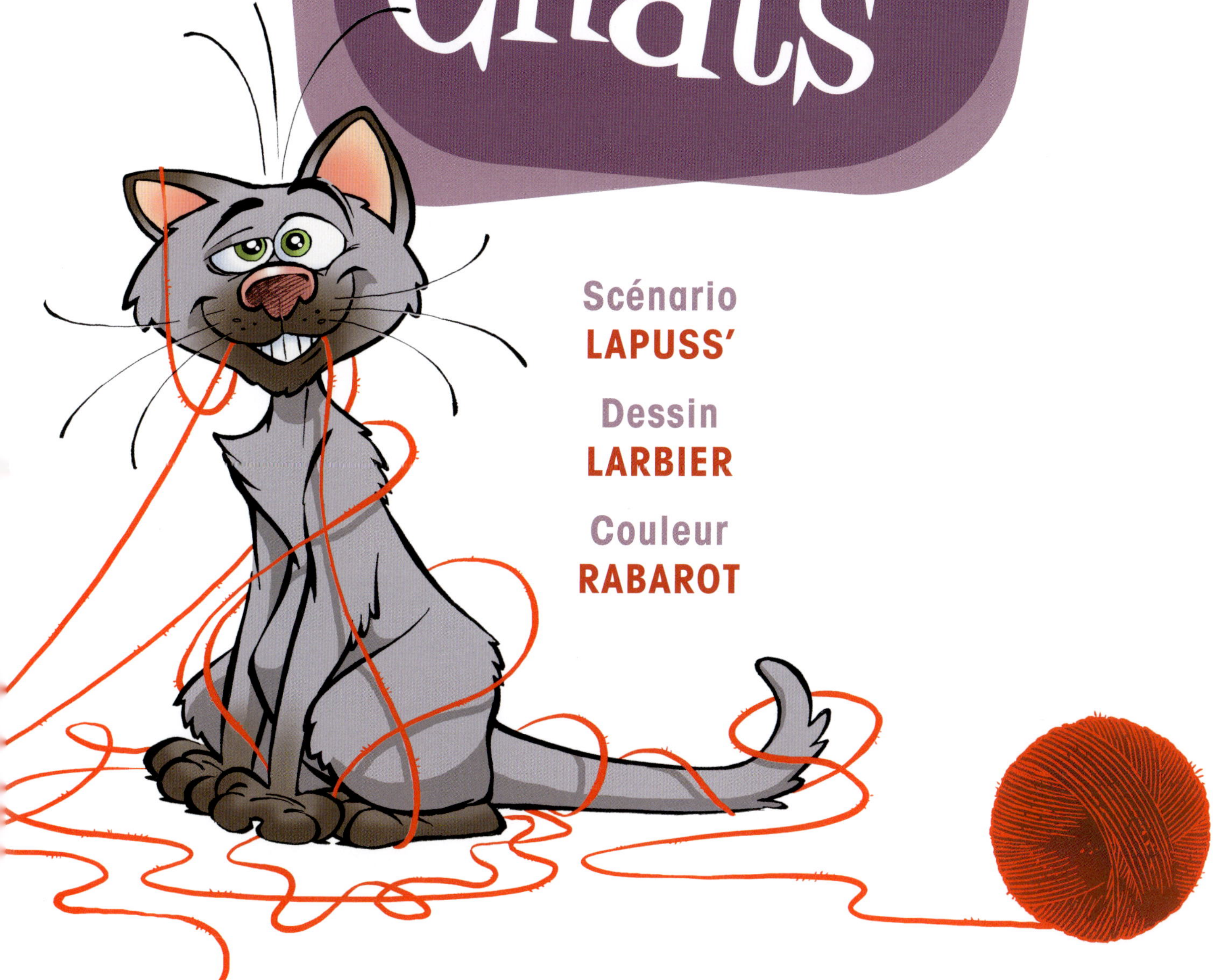

Scénario
LAPUSS'

Dessin
LARBIER

Couleur
RABAROT

DELCOURT

Merci à Guy Delcourt, Thierry, Philippe, Isa, ainsi qu'à nos amis félins du monde entier.
Lapuss'

Du même scénariste, chez le même éditeur :
- *Les Ordinateurs - Manuel de survie* - dessin de Loizedda
- *Les Scooteuses* (un volume) - dessin de Ronzeau
- *Les Super Blagues* (deux volumes) - dessin de Baba

Aux Éditions Bamboo :
- *Les Damnés de la route* (tome 7) - dessin de Rodrigue et Achdé

Aux Éditions Dupuis :
- *Le Piou* (deux volumes) - dessin de Baba

Aux Éditions Kantik :
- *Les Colocs* (un volume) - dessin de Bambii

Chez Monsieur Pop Corn :
- *In Vitro Veritas*

Du même dessinateur, chez le même éditeur :
- *Les Blagues belges* (quatre volumes) - scénario de Pluk, avec Dérian
- *Les Blagues de retraités* (un volume)
- *Les Chroniques de Sillage* (tome 4) - collectif

Aux Éditions Bamboo :
- *Les Fondus du jeu* - scénario de Cazenove et Richez

Aux Éditions Triskel :
- *Ninja* (trois volumes)

LES AUTEURS DÉDIENT CET ALBUM À...

Panda
Moustique
Lisa Z Grisbi Nacho
Maya Milénia Mimosa Cléo Lilly Calin
Moustache Juste Linoa Chipie Roxy
Bilou Ninja Abricot Eclipse Bouba
Kim Coca Loliba Django Flipette
Alf Fritz Bébert Gonzague Queue Blanche
Kitty Roméo Minouche Crevette Plouf
Trotinette Coboy Emile Gaspard Kani
Esquimau Blanche-Neige Loana
Rak Xena Alouette Clovis Kaiser
Ficelle Mitsou
Diabolo Flocon Dina Luna
Mistigri Coca Pedro Kimba
Gribouille Ratatouille Framboise Calin Rigolo Tanya Sheila
Litchi Nénette Bonux Tagada Fonzie Donald Marie Karlito
Louloute Rik Pépère Minette Azrael Monsieur Chaussette
Karmina Cookie Adolf Shru Boule De Neige Patate Cassis Apu
Brume Nelson Fripouille Clochette Titeuf Roméo Zola
Fripon Galonne Nuts Papyrus Melody Bamboo Voltaire Citron Loup Clémentine Rocky Lea Bambino Pepsi Théti
Myrtille Mia Gucci Clooney Dudule Maxie Prada Gomme Jujube Mc Do Gloups Yoko Mika Gremlin
Pizza Fantomas Chouquette
Canayou Camille Kara Friskette Violette Ivy Michel Nouchka Batman Mickey Gully Maki

...ET AUX AUTRES...

© 2011 Guy Delcourt Productions

Tous droits réservés pour tous pays
Dépôt légal : octobre 2011. I.S.B.N. : 978-2-7560-2583-4

Conception graphique : Trait pour Trait

Achevé d'imprimer et relié en France en novembre 2011

www.editions-delcourt.fr

TAP
FLAP
TAP
FLAP
FLAP
TAP
FLAP
FLAP
FLAP
FLAP
FLAP
CRIIII

COUIC!
GRUNCH
GRUNCH
GRUNCH
KOF!
KOF!
KOF
KOF
KOF
KOF
REUUH!
REUHHREUU..
KOF
KOF
KOF

FRRRRR
LITIÈRE
GRAT GRAT
TAP TAP
LITIÈRE
PTCHHHI

FLOP
FLOP
PLITCH
PLITCH
PLITCH
PLITCH
PLITCH
PLITCH
PLITCH
PLITCH
SLURP
SLURP

MAOUU
MAOUU
MAOUU
MAOUU
MAOUU
MAOUU
MAOUU
MAOUU
MAOUU
MAOUU
POC
POC
POC
POC
GRUNCH
GRUNCH
GRUNCH
...
GRUNCH
GRUNCH
GRUNCH
GRUNCH
GRUNCH
GRUNCH
GRUNCH
MAOUU

CLAC
ZIIIIIIIIP
ZIIIIIP
CLAC
ZZZ

MAAOUU
KRAF
KRAF
KRAF
KRAF
KRAF

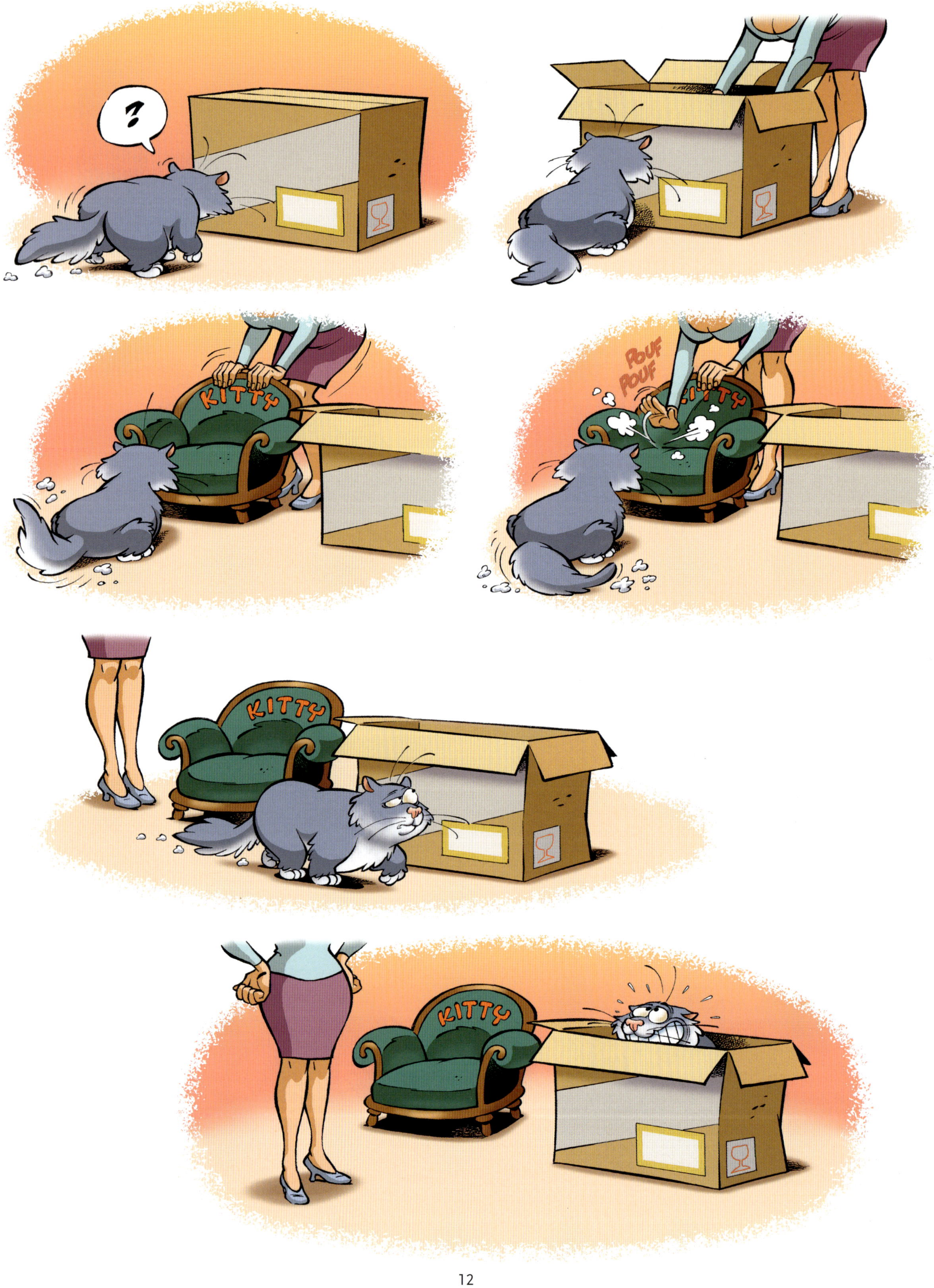
?
KITTY
POUF
POUF
KITTY
KITTY

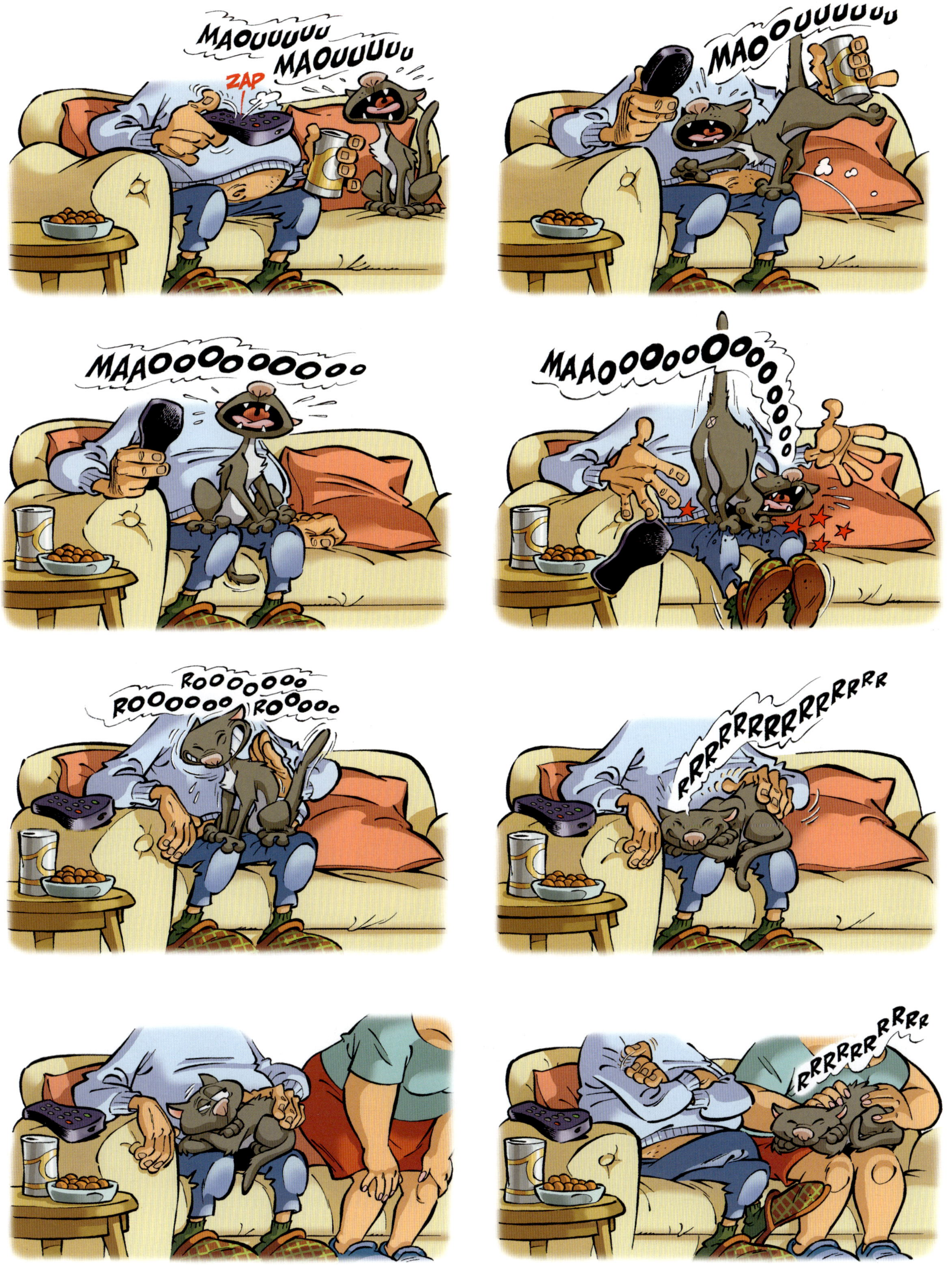
MAOUUUUU
ZAP
MAOUUUUU
MAOUUUUUUU
MAAOOOOOOOOOO
MAAOOOOOOOOOOOOOOOOO
ROOOOOOO
ROOOOOOO
ROOOOO
RRRRRRRRRRRRRRR
RRRRRRRRRR

AAAAOUU MAOUUU
MAAOUUU
MAAOUU
MAOUUU...
TAP TAP

RRRRRRRRR
RRRRRRRRRRR
RRRRRRRRRR
RRRRRRRRR
RRRRR
RRRRRRR
RRRRRRRRR
RRRRRRR
RRRR
RRRRRRRRRRRR
TAP
TAP
NOW
FSHHH
FSHHH
FSHHH
FSHHHHH
FSHHHHHH

DIGELING
FSHHH
DIGELING
TAP!
FSHHHH
FSHHHH
DIGELING
DIGELING
DIGELING
POUF
DIGELING
DIGELING
DIGELING
DIGELING
TAP
DIGELING
DIGELING
DIGELI...

RRRRRRRRRR
POUM
POUM
POUM
FROT
FROT
FROOT
FROOT
FROOT
FROT
FROT
RRRRRRRRRR

MAOOOo
MAOOoo
MAOooo
MAOoo
MAOOOo
MAOOO
MAAOOO
MAOooₒMAOO
MAOOOOO
MAOOO
MAOOO
MAOOOOo
MIAM
MIAMM GRUNCH
BARFF
GRUNCH
POC
POC
YAOUR

FLAP FLAP
FSHHH
FSHHH
CROÂ
TAC TAC TAC TAC TAC
FLAP FLAP FLAP
BURP!
MAAAOOOO
CRASHHHH
FSHHH
CRASHHH
FSHHHHHH
FSHHHHH

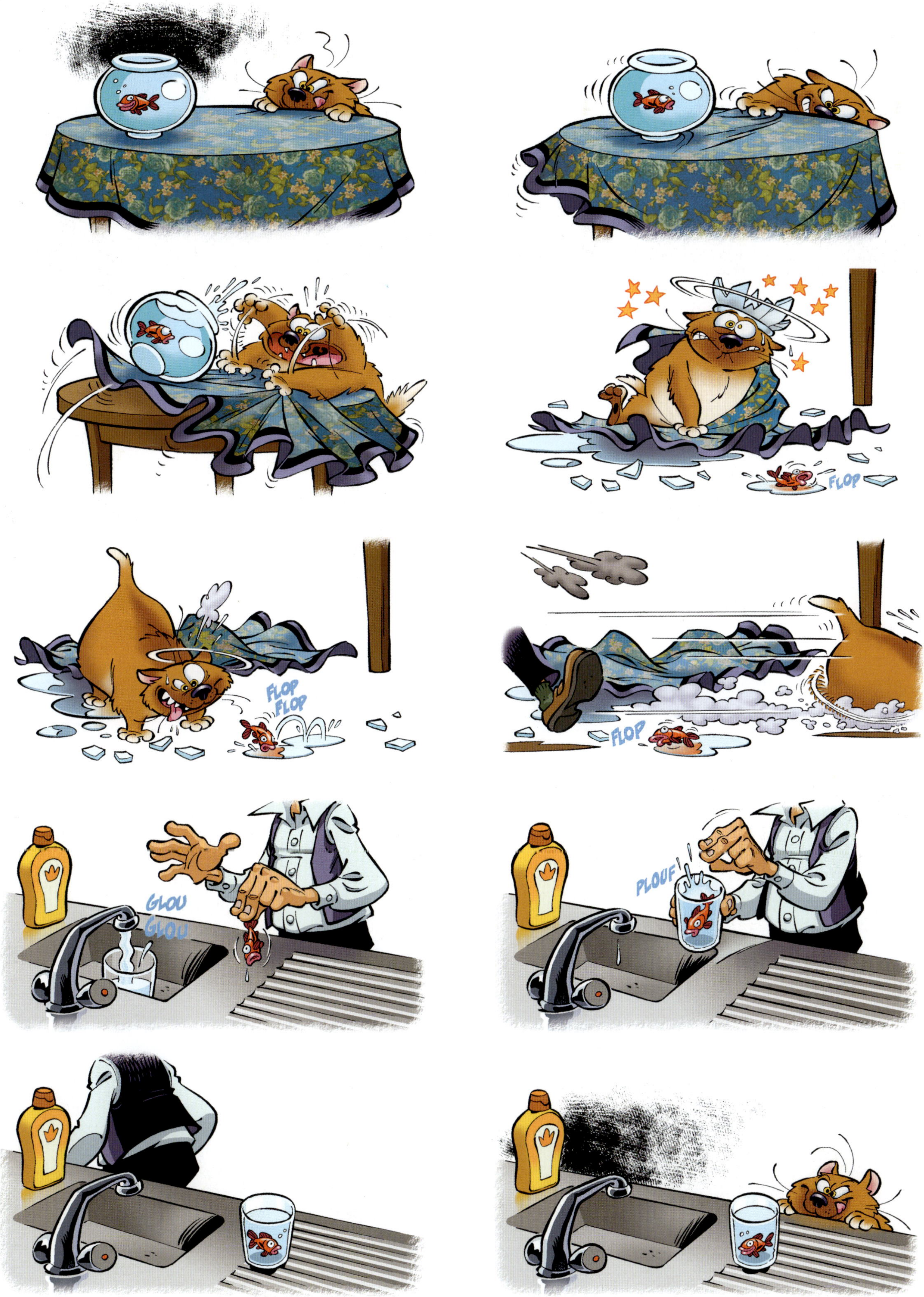
FLOP
FLOP FLOP
FLOP
GLOU GLOU
PLOUF

MAAOW
MAAOW
MAAOW
MAAOW
MAAOW
MAAOW

GRUNCH
GRUNCH
GRUNCH
GRUNCH
GRUN...
BURP...
BURP
BURP
BUUURPBURP
GLOOUGLO
BURP
BURP
BURP
BURP
BURP
GLLOURRBBB
BUURG
BUUURG
BURG BURG
BURG
BURG
BURG
SPLOUTCH
SPLOUTCH

Z
DILIB
CLIC
VRRRRR
Z

POUF
FSHHHHHH
FFFFFFF
FSHHHHHHHHH
FSHHHH
MROOOOO
SHHHFSHHHHHH
CRACHHHHHH
FFFFFF
FSHHHHHHHHHHHHHHH
MROOOOOOOO
SSSSSSS
CRACHHHH
FSHHHHHH
SHHHHHHHHHH......
CRACHHH
POM
POM
POM
OUAF! OUAF! OUAF!
OUAF! OUAF!

TOUNG
TCHAK
TOUNG
BUNK
TOUNG

DLING DLING
DLING DLING DLING DLING
DLING DLING DLING DLING
DLING DLING
DLING
DLING
DLING
DLING DLING
DLING
DLING DLING DLING DLING
DLING DLING DLING
DLING DLING DLING
DLING DLING DLING
DLING DLING DLING
DLING
DLING DLING DLING DLING

ZZZ
Z...
BUNK
...Z
BUNK
ZZZ

MMMMMMMM
MAAAAOOOOOO
CRACHHH
MAAOOOOOO
MAOOOOOO
GRIFF
GRIFF
GRIFF
VETERINAI
ROOOOOOO
MAAOOOOOOOOOO
MAOOOO
ROOOO
MAAOOOOO
CRACHH
CRACHH
ROOOOO
MAAOOO...
MAAAOOOOOOOO

GRATT
GRATT
GRATT
CLAC!

CLAP!

RRRRR
FROT
FROT
RRRRRRRRRR
BRRR
RRR
PCHIII
RRRRRRR

ICE
TAP
TAP
ICE
ICE
CRRRR

RRRRRRR...ZZZZZ...
...ZZ...
BZZZZ
BZZZZZ
BZZZZZ
BZZZZ
RRRRR

SPORT CAT
SPORT CAT
SPORT CAT
SPORT CAT
SPORT CAT
Z
Z
SPORT CAT
Z
SPORT CAT
Z
SPORT CAT

DISPONIBLE EN LIBRAIRIE

Onze artistes de la bande dessinée rendent hommage à l'animal de compagnie le plus indépendant qui soit. Qu'il soit matou, mimine, mistigri ou minou, qu'il fasse ses griffes, qu'il soit botté ou de velours, il tient une place à part dans leur vie, dans leur cœur et dans leurs croquis.